AF313265

TABLE

DES EDITS,

DECLARATIONS,

ARRESTS ET REGLEMENS

RENDUS pendant la premiere Année du Bail de
M^e. Thibault Larue.

Commencée le premier Octobre 1744. & finie le dernier Septembre 1745.

CONCERNANT LES DOMAINES.

A PARIS,

Chez Pierre Prault, Imprimeur des Fermes & Droits du Roy, Quay de Gêvres, au Paradis.

M. DCC. L.

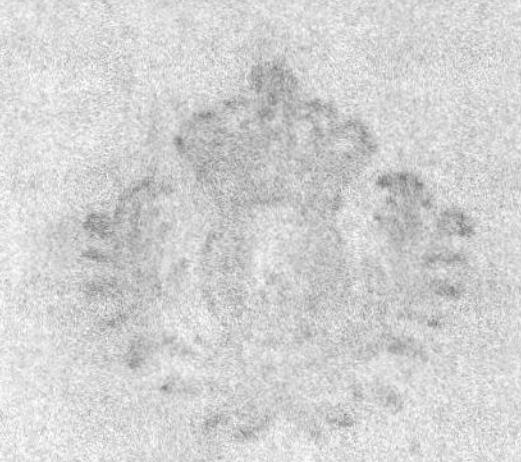

TABLE

DES

EDITS, DECLARATIONS,

ARRESTS ET REGLEMENS

Rendus pendant la premiere année du Bail de M^e.
THIBAULT LARUE.

*Commencée le premier Octobre 1744, & finie le dernier
Septembre 1745.*

CONCERNANT les Domaines de France, Contrôle des
Actes des Notaires, Petits Scels, Infinuations Laïques,
Centiéme Denier, Contrôle des Exploits, Greffes, Amortiſſemens, Francs-Fiefs & nouveaux Acquêts, & Droits ré-
ſervés dans les Cours & Juriſdictions, par les Edits des mois
d'Août 1716, Janvier & Novembre 1717, & rétablis par
la Déclaration du 15 May 1722.

Du 13 Octobre 1743.

DECLARATION du Roy, qui continue, pen-
dant les ſix années du Bail des Fermes Générales-
Unies, ſous le nom de Thibault Larue, la Levée &
Perception du Doublement des Droits du Domaine,
Barrage & Poids-le-Roy de Paris, du Droit d'augmentation ou
rehauſſement du Sel qui ſe conſomme & diſtribue en Fran-

DOMAINES.   A

che - Comté , des Droits de Courtiers - Jaugeurs , de ceux
d'Inspecteurs aux Boucheries & aux Boissons , des Droits Manuels sur le Sel , de ceux réservés dans les Cours , Chancelle-
ries , Présidiaux , Bailliages & autres Siéges & Jurisdictions ,
ensemble des 2 & 4 sols pour livre de ceux des Droits des Fermes qui y sont sujets.

Registrée au Parlement , Cambre des Comptes & Cour des Aydes
de Paris les 20 Décembre 1743 , 14 & 30 Janvier 1744.
    Au Parlement & à la Chambre des Comptes de Grenoble les 5
& 15 Mars 1745.
    Au Parlement d'Aix le 23 Mars.
    Au Parlement de Rouen le 17 Mars , & à la Chambre des Com-
ptes & Aydes les 5 & 11 desdits mois & an 1744.
    Au Parlement de Rennes le 26 desdits mois & an.
    A celui de Toulouse le 18.
    Au Parlement & à la Cour des Aydes de Bordeaux les 12 & 18
Mars.
    Au Parlement de Pau les 18 & 26 dudit.
    A celui de Dijon le 20 dudit , & le 30 Avril.
    A celui de Metz le 5 Mars.
    A celui de Douay le 6 dudit.
    A celui de Besançon le 3 dudit.
    A la Cour des Comptes , Aydes & Finances de Dole le 5 dudit.
    A celles de Montpellier le 21 dudit.
    A la Cour des Aydes de Clermont-Ferrant le 18 dudit.
    A celle de Montauban le 21 Avril.
    Au Conseil Supérieur de Colmar le
    Et à celui de Perpignan le 6 Mars de la même année 1744.

Du 13 Octobre 1743.

Résultat du Conseil , portant Bail des Fermes Générales-
Unies sous le nom de Thibault Larue , pour six années , à commencer du premier Octobre 1744. pour les Gabelles , Cinq
grosses Fermes , Aydes & Droits y joints , & du premier Janvier 1745. pour les Domaines , Contrôle des Actes , Insinuations , Centiéme denier , Greffes , Amortissemens & Droits y
joints , aux prix , charges , clauses & conditions y portées.

Du 15 Octobre 1743.

* Arrest du Conseil, pour la prise de possession du Bail des Fermes Générales-Unies, sous le nom de Thibault Larue, pendant six années, à commencer du premier Octobre 1744 pour les grandes & petites Gabelles, Droits Manuels sur les Sels, Gabelles des Trois-Evêchés, Domaines & Gabelles de Franche-Comté, & Droit de rehaussement sur le Sel dans ladite Province, Cinq grosses Fermes, Droits sur les Huiles & Savons, Aydes, Entrées de Paris, Impôts & Billots, & Formules de Bretagne, Marque d'Or & d'Argent, Marque des Fers, Formules dans les Pays où les Aydes ont cours, Domaine, Barrage & Poids-le-Roy aux Entrées de Paris, Jauge & Courtage, Courtiers-Jaugeurs, Inspecteurs aux Boucheries & Boissons, Droits sur les Suifs à Paris, & pour la Ferme du Tabac, & au premier Janvier 1745 pour les Domaines de France, & Contrôle des Exploits, Domaines de Flandres, Haynault, Artois, Alsace & Principauté d'Orange, Contrôle des Actes, Sceaux & Insinuations Laïques, Greffes, Amortissemens, Francs-Fiefs, Formules dans les Provinces où les Aydes n'ont point cours, nouvelle Formule des Notaires de Paris, Droits réservés dans les Cours & Jurisdictions du Royaume, Gages intermédiaires, Domaine d'Occident en France, Droits casuels réunis au Domaine, & autres Droits compris au Bail dudit Larue, 2 & 4 sols pour livre de ceux de tous lesdits Droits qui y sont sujets.

Permet audit Larue, à ses Sous-Fermiers de se servir des Timbres actuellement en usage.

Dispense les Employés qui ont prêté serment pendant les précédens Baux & Sous-Fermes, de le prêter de nouveau ; leur permet de verbaliser dans le Ressort des Jurisdictions où ils pourront se trouver : défend aux Juges d'annuller leurs Procès-verbaux, sous prétexte que leurs noms ne se trouveroient point inscrits dans un Tableau déposé au Greffe de leur Jurisdiction.

Permet audit Larue, & à ses Sous-Fermiers, d'entretenir ou de résilier les Baux à loyer des Maisons & Greniers, ensemble les Abonnemens, Traités & Marchés qui peuvent avoir été ci-devant faits par les précédens Fermiers & Sous-Fermiers, de partie desdites Fermes & Droits.

Regle les Droits d'Enregiſtrement dudit Arreſt, & ceux de réception & preſtation de ſerment des Employés, & ordonne que les Reglemens rendus au profit des précédens Fermiers, ſeront exécutés en faveur dudit Larue, & de ſes Sous-Fermiers, comme s'ils avoient été rendus ſous leurs noms.

Du 15 Octobre 1743.

Arreſt du Conſeil, qui fixe le prix des Baux des Sous-Fermes des Aydes, Domaines & autres pour les ſix années du Bail de Thibault Larue, à commencer du premier Octobre 1744. pour les Aydes & Droits y joints, & du premier Janvier 1745. pour les Domaines, Contrôle des Actes, Greffes, Amortiſſemens, Francs-Fiefs & Droits y joints.

Du 15 Octobre 1743.

Arreſt du Conſeil, portant qu'à commencer du premier Octobre de l'année 1744. dans les Provinces où les Aydes ont cours, & du premier Janvier 1745. dans les autres Provinces du Royaume, il ne pourra être employé d'autres Papiers & Parchemins timbrés, que de ceux des nouveaux Timbres de Thibault la Larue, Adjudicataire des Fermes générales-unies, & de ceux des nouveaux Sous-Fermiers, ſans qu'ils ſoient tenus de contre-timbrer gratis, ni reprendre ou échanger les Papiers ou Parchemins qui pourroient leur être rapportés.

Du 15 Octobre 1743.

Arreſt du Conſeil, qui accepte les offres faites par les Etats & Magiſtrats des Provinces, Villes, Châtellenies & Communautés qui compoſent l'Intendance de Flandres: en conſéquence, ordonne qu'en payant par eux, & par forme d'Abonnement, pour tenir lieu des Droits de Contrôle des Actes des Notaires & ſous ſignatures privées, Inſinuations Laïques, Petits Scels & Centiéme denier, la ſomme de cent cinquante-huit mille soixante-dix-huit livres dix sols par chacun an à Thibault Larue, Adjudicataire des Fermes Générales-Unies pendant les six années de son Bail, à commencer du premier Janvier 1745. les Habitans desdites Provinces, Villes, Châtellenies & Communautés dépendantes de ladite Intendance de Flandres, demeureront déchargés pendant lesdites six années de l'exécution de la Déclaration du 29 Septembre 1722. & que tous les Contrats & Actes passés par les Notaires de Flandres entre Flamands & autres Parties, l'une desquelles sera domiciliée en Flandres, pourront être exécutés & produits en Justice dans toutes les autres Provinces du Royaume, sans être assujettis au Contrôle ni à l'Insinuation.

Du 15 Octobre 1743.

Arrest du Conseil, qui accepte les offres faites par les Magistrats, Mayeurs & Echevins des Villes, Bourgs & Communautés de la Province du Haynault qui composent actuellement l'Intendance de Valenciennes; en conséquence, ordonne qu'en payant par eux & par forme d'Abonnement, pour tenir lieu des Droits de Contrôle des Actes des Notaires & sous signatures privées, Insinuations Laïques, Petits Scels & Centiéme denier, la somme de trente-six mille neuf cent vingt-une livres dix sols par chacun an à Thibault Larue, Adjudicataire des Fermes Générales-Unies, pendant les six années de son Bail, à commencer du premier Janvier 1745. les Habitans des Villes, Bourgs & Villages de ladite Province du Haynault, qui composent l'Intendance de Valenciennes, demeureront déchargés, pendant lesdites six années, de l'exécution de la Déclaration du 29 Septembre 1722. & que tous les Contrats & Actes passés par les Notaires de la Province du Haynault entre les Domiciliés ou autres Parties, l'une desquelles sera domiciliée en ladite Province du Haynault, pourront être exécutés & produits en Justice dans toutes les autres Provinces du Royaume, sans être assujettis au Contrôle ni à l'Insinuation.

Du 15 Octobre 1743.

Arrest du Conseil, qui accepte les offres faites par les Etats de la Province d'Artois ; en conséquence, ordonne qu'en payant par eux, par forme d'Abonnement, pour tenir lieu des Droits de Contrôle des Actes des Notaires, & sous signatures privées, Insinuations Laïques, Petits Scels, Centiéme denier, & Droits dûs pour les Usages & Communaux dont jouissent les Communautés Laïques de ladite Province, la somme de quatre-vingt-dix mille livres par an à Thibault Larue, Adjudicataire des Fermes Générales-Unies, pendant les six années de son Bail, à commencer du premier Janvier 1745. les Habitans de ladite Province demeureront déchargés, pendant lesdites six années, de l'exécution de la Déclaration du 29 Septembre 1722. ensemble desdits Droits d'Usage, & que tous les Contrats & autres Actes passés par les Notaires de ladite Province d'Artois entre les Domiciliés ou autres Parties, l'une desquelles sera domiciliée en ladite Province, pourront être exécutés & produits en Justice dans toutes les autres Provinces du Royaume, sans être assujettis au Contrôle ni à l'Insinuation.

Du 16 Octobre 1743.

* Déclaration du Roy, pour le recouvrement des Gages intermédiaires, & du montant des Abonnemens des Droits de Courtiers-Jaugeurs, Inspecteurs aux Boucheries & aux Boissons, Huiles, Savons & nouveaux Acquêts ou Usages dûs par les Communautés Laïques du Bail de Thibault Larue.

Registrée en la Chambre des Comptes de Paris le 24 Octobre 1744. En celle de Rouen le 26 Septembre.

Au Parlement & Chambre des Comptes de Pau les 7 Septembre & 12 Décembre.

A la Chambre des Comptes de Montpellier le 9 Septembre.

A celle de Dijon le 27 Novembre.

Au Parlement & Chambre des Comptes de Metz le 27 Août.

A la Chambre des Comptes de Grenoble le 19 Décembre.

A celle de Dole le 21 Août de la même année 1744.
A celle d'Aix le
Et à celle de Nantes le 30 Mars 1748.

Des 13 Octobre & 30 Novembre 1744.

Arrest du Conseil Royal des Finances, & Lettres-Patentes du Roy de Pologne, Duc de Lorraine & de Bar, *Regiſtrées en la Cour Souveraine de Lorraine, & à la Chambre des Comptes de Nancy les 4 & 16 Décembre 1744.* portant Reglement pour l'Adminiſtration des Bois appartenant à l'Ordre de Malthe. *Contenant 25 Articles.*

Du 18 Octobre 1744.

Arreſt du Conſeil, par lequel, ſans s'arrêter à l'Ordonnance du Grand-Maître des Eaux & Forêts au Département de Languedoc du 29 May 1683. ni à l'Arreſt du Parlement de Toulouſe du 10 Juin ſuivant; ordonne que l'Edit du mois de Mars 1661. portant création d'une Maîtriſe particuliere des Eaux & Forêts à Caſtres, ſera exécuté, & en conſéquence, que le Siége de ladite Maîtriſe, précédemment établi en la Ville de Mazamet, ſera & demeurera fixé pour l'avenir en la Ville de Saint Pons.

Du 26 Octobre 1744.

* Ordonnance de M. le Nain, Intendant de Languedoc, qui fait défenſes à toutes perſonnes de mettre, ſous aucun prétexte, dans le lit de la Riviere du Lauzon, ni dans la Loſne de Malatras du Chanvre, Bois ni aucun autre empêchement qui puiſſe arrêter le libre cours des Eaux; comme auſſi d'enlever des pierres & gazons de la Chauſſée, le tout à peine de confiſcation des Chanvres & Bois qui ſeront trouvés dans le lit de ladite Loſne & Riviere, & de cinquante livres d'amende.

Du 26 Octobre 1744.

* Arreſt du Conſeil, qui confirme les Ordonnances de M.

l'Intendant de Caën des 13 & 30 Avril 1744. par lesquelles Nicolas Néel, Sieur des Ifs, Procureur du Roy à Saint Lo, a été condamné à payer un Droit d'Echange, quoiqu'il alleguât que ce Droit pouvoit avoir été payé, & qu'il demandât la représentation des Registres tenus depuis 1725. pour constater le fait.

Du 28 Octobre 1744.

*   Arrest du Conseil, qui fixe les Droits d'Indemnité qui seront payés à perpétuité au Fermier des Domaines, par le Syndic & Administrateur de l'Hôpital général de Pau, les Jurats & Communauté de Lurbe, & les Prébandiers de l'Eglise de Saint Giron de Monein, pour les acquisitions par eux faites dans les Mouvances de Sa Majesté, & les condamne chacun en cent livres d'amende, faute par eux d'avoir représenté leurs Titres dans les trois mois de leurs dates, conformément à la Déclaration du 21 Novembre 1724.

Du 28 Octobre. 1744.

*   Arrest du Conseil, qui ordonne qu'il sera procedé par M. l'Intendant de Rouen, à l'adjudication du Bail de la totalité des Droits de Péage du travers du Pollet de Dieppe, à la charge par l'Adjudicataire de payer le prix de son Bail ; Sçavoir, les deux tiers au Fermier du Domaine, & l'autre tiers au sieur du Buscq, Propriétaire d'icelui.

Du 4 Novembre 1744.

*   Arrest du Conseil, qui condamne Me. Leonard Rousselot, Avocat au Parlement de Paris, Me. Hugues-Joseph Guillaume, Procureur au Parlement de Besançon, & Demoiselle Anne-Claude Paris, fille majeure, héritiers par bénéfice d'Inventaire du feu sieur Claude-Nicolas Paris, Président honoraire au Présidial de Gray en Franche-Comté, qui avoient faussement déclaré ne posseder aucuns Biens immeubles situés en Champagne, provenant de la succession dudit sieur Paris, à faire une nouvelle déclaration affirmative de la valeur, consistance &

revenu

revenu des Héritages que le Sous-Fermier a justifié en faire partie , à en payer solidairement le simple Droit de Centiéme denier, & les quatre sols pour livre ; & pour la fausse déclaration,
les condamne aussi solidairement à la peine du triple dudit Droit
de Centiéme denier, en l'amende de trois cens livres, & au
coût dudit Arrest.

Du 4 Novembre 1744.

* Lettres-Patentes du Roy , qui acceptent les offres faites par
les Abbé & Religieux Bénédictins de l'Abbaye de St. Alyre ,
d'abandonner à Sa Majesté leur Justice Haute, Moyenne & Basse
située dans le Fauxbourg de Saint Alyre de la Ville de Clermont Ferrand , & déchargent lesdits Abbé & Religieux de la
contribution annuelle de cinq cens livres pour la nourriture &
entretien des Enfans exposés dans ladite Ville.

Du 23 Novembre 1744.

* Départemens de Messieurs les Fermiers Généraux pour le
service des Fermes Royales-Unies, pendant la premiere année
du Bail de Thibault Larue.

Du 24 Novembre 1744.

* Arrest du Conseil, qui ordonne que Jacques Forceville &
ses Cautions, cy-devant Fermiers Généraux des Fermes-Unies,
ne pourront être assignés qu'à leur domicile, ni traduits ailleurs
qu'en la Cour des Aydes de Paris , pour raison des Affaires concernant les Fermes Générales du Bail dudit Forceville.

Du 22 Decembre 1744.

* Arrest du Conseil, qui modére aux deux cinquiémes la
Finance à payer par les Maires, Lieutenans, Gouverneurs, & autres
Officiers Municipaux créés par l'Edit du mois de Novembre 1733
contenant 12 Articles, dont le quatriéme accorde l'exemption
du Droit de Franc-Fief à ceux dont la Finance sera de 6000
livres & au-dessus, & des Droits d'Octroys appartenans aux

Villes pour les Denrées de leur confommation.

Du 29 Decembre 1744.

Arreft du Conseil, partant qu'Etienne Vernier, Sous-Fermier des Domaines de la Généralité de Bourges, du Bail com-
mencé le premier Janvier 1739. tiendra compte au nommé
Mathieu Clement, Fermier des Forges de Clavieres, fur le prix
de fon Bail, de la fomme de 15000 livres par lui payée d'a-
vance à fon Alteffe Sereniffime Monfeigneur le Comte de Clermont, lors de la paffation du Bail que fon Alteffe Sereniffime lui en
avoit fait avant la vente faite au Roy du Duché de Châteauroux,
par Monfeigneur le Comte de Clermont, le 26 Decembre 1736.
& par lui retenue par le Contrat de vente; de laquelle fomme de
15000 liv. il fera pareillement tenu compte audit Vernier fur le
prix de fon Bail, par Jacques Forceville, Adjudicataire des Fermes
Générales-Unies ; & ordonne que pour valeur de la même
fomme, il fera expédié au profit dudit Forceville, une Ordonnance de comptant fur le Tréfor Royal, laquelle lui fera payée
en une Quittance comptable, fur & en déduction du prix de
fon Bail.

Du 5 Janvier 1745.

* Ordonnance du Bureau des Finances de la Généralité de
Paris, qui fait défenfes à toutes perfonnes d'endommager ni dé-
grader les Fontaines, Bornes & Parapets du Pont de la Montagne de Juvify, aux Pâtres & Bergers de conduire leurs Va-
ches, Moutons ou autres Beftiaux paître fur les glacis de ladite
Montagne, ni fur les caneaux defdites Fontaines ; & aux gens
de pied de paffer fur lefdits glacis, à peine de 50 livres d'amende, &c.

Du 5 Janvier 1745.

Décifion du Conseil, qui confirme une Ordonnance de M.
l'Intendant du Duché de Bourgogne du 29 Octobre 1743. par
laquelle le fieur André le Charnier, Bourgeois de la Ville de
Beaune, a été condamné au payement du Droit de Franc-Fief du
Domaine de Serigny, nonobftant qu'il eût foutenu que ce Do-

maine est en roture, & qu'en sa qualité d'Habitant de Beaune,
il étoit exempt de ce Droit, attendu les Priviléges dont il prétendoit que la Ville de Beaune devoit jouir.

Du 12 Janvier 1745.

* Arrest du Conseil, qui permet aux Notaires de la Ville d'Orléans, en vertu du droit qu'ils ont de pouvoir passer des Actes
dans toute l'étendue du Royaume, de les faire controller, soit
au Bureau de la Ville d'Orléans, comme lieu de leur résidence,
soit au Bureau du lieu de la passation de l'Acte; & au cas qu'il
n'y en ait point d'établi, au Bureau le plus prochain.

Condamne le nommé Pompon, Notaire, en 200 livres d'a-
mende pour avoir fait controller un Acte par lui reçû dans un
autre Bureau que celui de sa résidence, & du lieu de la passation de l'Acte; & le nommé Odigier, autre Notaire, en six
cens livres d'amende, pour avoir pareillement fait controller
trois Actes dans d'autres Bureaux que ceux de sa résidence &
de la passation desdits Actes; les condamne pareillement à payer
le suplément des Droits de Controlle desdits Actes, & solidairement au coût dudit Arrest, liquidé à soixante-quinze livres.

Du 13 Janvier 1745.

Décision du Conseil, qui juge que le Droit d'Amortissement
n'est pas dû, pour raison de l'acquisition faite par les Etats du
Duché de Bourgogne, d'une Maison destinée à loger le Présidial de la Ville de Dijon, & que le même Droit est dû pour
les acquisitions par eux faites de Terres destinées à former des
Pepinieres d'arbres.

Du 14 Janvier 1745.

* Sentence du Bureau de l'Hôtel de-Ville de Paris, qui condamne le nommé Moulinet fils, Marchand Amidonnier, en
trois mille livres d'amende, applicable à l'Hôpital Général de
ladite Ville, pour avoir fait construire sur un Terrein lui appartenant, rue du Pont aux Biches, un Corps de Logis de dix toises
de face sur deux toises & demie de profondeur, & sur deux toises

de hauteur du rez-de-chauffée fous l'égout de la couverture, avec Manfarde au-deffus; & fur le derriere dudit Terrein, un autre Corps de Logis de quatre toifes & demie de face fur treize pieds de profondeur, & élevé d'un pied au-deffus du premier plancher; Ordonne que lefdits Corps de Logis feront rafés, les Matériaux confifqués, & les places réunies au Domaine du Roy, avec défenfes de récidiver.

Du 20 Janvier 1745.

Décifion du Confeil, qui furfeoit l'exécution d'une Contrainte décernée contre le fieur Guillaume Collin, Ecuyer ordinaire de main du Roy, & Capitaine des Dragons du Regiment de Necolay, pour raifon du Droit de Franc-Fief, à caufe d'une Fuie & d'un Moulin fitués dans fa Terre de Rougemont, Genéralité de Caen.

Du 20 Janvier 1745.

Décifion du Confeil, qui, en conformité de celle du même jour, déboute les fieurs Nicolas & Louis de la Planche de l'appel par eux interjetté d'une Ordonnance de M. l'Intendant de Caen, du 30 Avril 1741. ordonne qu'ils payeront trois cens livres pour le Droit de Franc-Fief, à caufe d'un Moulin fitué à Cherbourg, à eux échû par le décès de leur mere, nonobftant qu'ils euffent foutenu que le même Droit par eux acquitté au décès de leur pere pour la premiere moitié de ce Moulin, n'avoit été liquidée qu'à quarante livres, & qu'ils n'en devoient pas davantage pour la feconde moitié.

Du 20 Janvier 1745.

Décifion du Confeil, qui confirme une Ordonnance de M. l'Intendant de Caën du 30 Avril 1741. par laquelle les fieurs Nicolas & Louis de la Planche ont été condamnés à payer trois cens livres pour le Droit de Franc-Fief de la moitié d'un Moulin à eux échû par le décès de leur pere, au lieu de quarante livres qu'ils offroient, parce qu'il n'avoit été payé que cette fomme lors des précedentes liquidations, fous prétexte d'une

Rente fonciere de deux cens cinquante livres que leur pere payoit aux Chanoines de la Cathédrale de Coutance, de qui il avoit fiefé ce Moulin; le fonds de laquelle Rente fonciere ils prétendoient devoir être diminué.

Du 23 Janvier 1745.

Décision du Conseil, qui confirme une Ordonnance de M. l'Intendant de Rouen du 26 Octobre précédent, par laquelle la Dame du Coudray à été condamnée au payement des Droits de Controlle & Centiéme Denier, avec un demi Droit en sus d'un Acte sous signature privée du 4 Août 1738. par lequel ladite Dame a cédé à son fils le Fief & Terre de Cardonnay, pour demeurer quitte envers lui des sommes qu'elle lui avoit promises par son Contrat de Mariage ; & ce nonobstant la demande du sieur du Coudray, tendante à obtenir un délai pour justifier du payement qu'il prétendoit avoir fait desdits Droits.

Du 23 Janvier 1745.

* Arrest du Grand Conseil, rendu entre les Officiers de Police de la Ville de Sens, prenant le fait & cause de Pierre Alaix, par eux commis à l'exercice de la Voyerie.

Et le Procureur du Roy, du Bureau des Finances de la Généralité de Paris, prenant le fait & cause de Claude Vallery, se prétendant Commis-Voyer des Tréforiers de France dans la Ville de Sens.

Qui maintient les Officiers de Police de Sens dans le droit de donner les allignemens de Murs de faces & d'encoignures, dans la Ville, Fauxbourgs & Banlieue de Sens.

Fait défenses tant ausdits Tréforiers de France qu'aux Officiers de Police de Sens, de donner des Commissions de Commis-Voyer particulier dans la Ville de Sens.

Déclare nulles lesdites Commissions, & fait défenses à ceux qui en auroient de semblables, d'en faire aucunes fonctions.

Du 25 Janvier 1745.

* Jugement de M. l'Intendant de la Généralité de Caën,

qui, sur la Reconnoissance passée judiciairement par François-Vincent Larose, Procureur au Bailliage & Vicomté de Saint Lo, d'avoir reçû pendant sa Régie en qualité de Controlleur des Actes au Bureau de Marigny, la somme de cinquante livres quinze sols pour le Droit de Centième Denier de la Succession de François Jacquemin, sans l'avoir portée en recette, ni en avoir compté à son Ambulant ; décharge Alexis Jacquemin de l'itérative demande à lui formée de ce Droit de Centième Denier, & lui adjuge vingt livres de dommages & intérêts contre ledit Larose.

Condamne par corps ledit Larose à rétablir lesdits cinquante livres quinze sols ès mains du Préposé du Fermier des Domaines au Bureau de Marigny, & en outre en deux cens livres d'amende.

Faisant droit sur l'intervention de Me. Jean-Jacques Benjamin, Avocat, Controlleur des Actes à Grandville, & avant successeur dudit Larose à Marigny ; décharge ledit sieur Benjamin des Conclusions prises contre lui par ledit Larose, & le condamne pareillement en vingt livres de dommages & intérêts envers ledit sieur Benjamin, appliqués de son consentement, moitié en faveur des Pauvres de la Paroisse de Marigny, & l'autre moitié en faveur de l'Hôpital de Saint Lo.

Et condamne en outre ledit Larose aux dépens envers toutes les Parties, &c.

Du 27 Janvier 1745.

Décision du Conseil, qui ordonne l'exécution d'un Arrest du 8 May 1744. réforme une Ordonnance de M. de la Bourdonnaye, Intendant de la Généralité de Rouen du 7 Octobre 1740. en ce qu'elle décharge les enfans du sieur Gautrin d'un Droit de Franc-Fief pour vingt années de jouissance de feu leur pere, du Fief nommé le Bois des Brouillards ; ordonne qu'ils payeront cinquante-huit livres & les deux sols pour livre pour lesdites vingt années échûes en 1734. & que l'Ordonnance sera au surplus exécutée pour le payement du Droit, à cause de la jouissance des enfans.

Du 27 Janvier 1745.

Décision du Conseil, qui, faisant droit sur le renvoi fait audit Conseil par Ordonnance de M. de la Bourdonnaye, Intendant de la Généralité de Rouen du 6 Avril 1743. de la demande du Fermier des Domaines, du Droit de Franc-Fief, pour raison du Fief, Terre & Seigneurie de Gruchet, acquis par feue la Demoiselle Godefroy; ordonne qu'elle payera deux mille vingt-cinq livres, & les deux sols pour livre portés en la Contrainte décernée contr'elle, sauf à se pourvoir devant M. l'Intendant si elle trouve que la somme excede une année du revenu de la Terre; & ce nonobstant que la Demoiselle Godefroy ait soutenu que le Fief & le Domaine utile de la Terre, ayant été précédemment vendus séparément, le Domaine utile étoit tombé en roture, & que le Droit de Franc-Fief n'en pouvoit être exigé.

Du mois de Fevrier 1745.

* Edit du Roy, qui reçoit les Grands-Maîtres des Eaux & Forêts au rachat de l'Annuel, & les autres Officiers des Eaux & Forêts, au rachat du Prêt & de l'Annuel; crée un Trésorier-Payeur, & un Controlleur des quatorze deniers pour livre de taxation sur le prix des Adjudications des Bois du Roy, & dont Sa Majesté avoit ordonné la perception à son profit, par Edit de Juillet 1715. avec attribution des mêmes Priviléges, Prérogatives & éxemptions dont jouissent les Receveurs & Controlleurs Généraux des Domaines, & en outre d'un denier & demi desdites taxations au Trésorier-Payeur, & d'un demi denier au Controlleur, & dix sols de Droit de Controlle de chacune Quittance; de deux Minots de Franc-salé au Trésorier-Payeur, & d'un Minot au Controlleur : Attribue les douze autres deniers, savoir, cinq deniers au Grand-Maître, cinq deniers à répartir entre les Officiers des Maîtrises Particulieres, & deux deniers aux Receveurs Particuliers des Bois; & confirme au surplus tous lesdits Grands-Maîtres, Officiers des Maîtrises & Receveurs Particuliers des Bois, dans leurs Fonctions, Priviléges, Exemptions, Droits de Chauffages, & Prérogatives à eux cy-devant accordés. *Registré en Parlement le 9 Mars 1745.*

Du mois de Fevrier 1745.

* Edit du Roy, portant réunion de la Jurisdiction de la Pré-

vôté de Meaux à celle du Bailliage & Siége Préſidial de la même Ville, contenant 12 Articles. *Regiſtré au Parlement le 2 Avril 1745.*

Du 9 Fevrier 1745.

*   Sentence de Police, pour obliger les Propriétaires des Boucheries & Etaux de la Ville de Paris, à repréſenter les Lettres-Patentes & Arreſts d'enregiſtremens d'icelles ; en vertu deſquels leſdites Boucheries & Etaux ont été établis.

Du 10 Fevrier 1745.

Déciſion du Conſeil, qui confirme une Ordonnance de M. Roſſignol, Intendant de la Généralité d'Auvergne du 13 Août 1744. par laquelle le ſieur Jean Moutorcier, Conſeiller au Préſidial de Clermont Ferrand, a été aſſujerti au Droit de Franc-Fief de ſa Terre de Villars, nonobſtant les Priviléges dont il prétendoit que jouiſſoit ladite Province & en ſa qualité de Conſeiller ; & ce attendu que l'abonnement cy-devant fait avec la Province, étoit expiré.

Du 11 Fevrier 1745.

*   Ordonnance de M. le Comte de Coigny, Capitaine des Chaſſes de la Varenne du Louvre, Grande Vennerie & Fauconnerie de France, portant Réglement général pour les Chaſſes, *contenant 33 Articles*, & 3 autres particuliers pour la Varenne du Louvre.

Du 12 Fevrier 1745.

*   Arreſt du Conſeil, par lequel Sa Majeſté fait défenſes à tous Seigneurs de Fiefs, dans la Mouvance deſquels ſe trouveront ſitués aucuns Biens ſaiſis ou confiſqués pour cauſe de Religion, de retraire féodalement leſdits Biens, tant qu'ils ſeront ſous la main de Sa Majeſté, & que les Revenus en ſeront régis & adminiſtrés par ſes ordres, ſoit que leſdits Biens ſoient en Bail, à Rente perpetuelle ou autrement, à peine de quinze cens livres de dommages & intérêts, & de trois mille livres d'amende

envers

envers la Régie des Biens des Religionnaires fugitifs.

Du 12 Février 1745.

Arreſt de la Cour Souveraine de Lorraine & Barrois, portant Reglement pour les Priſons, qui enjoint aux Geoliers de fournir aux Priſonniers l'eau dont ils auront beſoin à l'inſtant qu'ils la demanderont, & aux Guichetiers de faire les commiſſions en Ville deſdits Priſonniers ſans en rien exiger ; défend au Geolier de refuſer aux Priſonniers les boüillons qu'il doit leur fournir, & lui ordonne de leur fournir tous les quinze jours quinze livres de paille fraîche à chacun.

Du 13 Février 1745.

Déciſion du Conſeil, qui déboute le nommé Louis Denis, Compagnon Maçon de ſa demande, tendante à ne payer que le plus modique Droit d'Inſinuation de ſon Contrat de mariage, contenant donation réciproque de tous les biens qui ſe trouveront appartenir au premourant, quoique par le Contrat la donation ſoit d'un objet d'environ dix mille livres, pour quoi le Fermier concluoit à ce que le Droit fût payé ſur le pied de cinquante livres & les quatre ſols pour livre, conformément au Tarif.

Du 15 Février 1745.

Déciſion du Conſeil, qui juge qu'un Acte de tranſport ſous ſeing privé d'une ſomme de quinze mille livres pour en faire le recouvrement, ſi faire ſe peut, à la déduction de ſept mille cinq cens quarante-une livres huit ſols huit deniers dûs à la Société de celui à qui le tranſport eſt fait, doit être contrôlé comme Acte ſimple, moyennant douze ſols, au lieu de ſoixante-ſept livres quatre ſols demandés par le Fermier.

Du 16 Février 1745.

Arreſt du Conſeil, qui évoque l'aſſignation donnée à Charles Riquier, Fermier des Domaines & Droits y joints de la Province de Normandie, à la Cour des Aydes de Paris, à la requeste de la Demoiselle de Comminges , épouse du sieur de Chaume, Contrôleur des Actes des Notaires à Rouen , sur l'appel par elle interjetté de plusieurs Ordonnances de M. l'Intendant , par lesquelles la saisie & vente des Meubles de son mari ont été ordonnées & faites pour le payement d'une somme de cinq mille six cens vingt-trois livres quinze sols dont il étoit relicataire , sur le produit de la vente desquels Meubles & Effets elle prétendoit être privilégiée pour ses reprises & conventions matrimoniales ; défend de proceder , pour raison de ce , ailleurs qu'au Conseil ; & ordonne que les Parties remettront leurs Pieces & Mémoires à M. le Contrôleur Général des Finances , pour leur être fait droit , ainsi qu'il appartiendra.

Du 16 Février 1745.

*   Arrest du Conseil , qui ordonne que les Officiers du Domaine de la Rochelle jouiront des trois sols pour livre attribués à leurs Offices par les Edits d'Avril 1685. Décembre 1689. & Avril 1694. sur les Lods & Ventes & Droits Seigneuriaux échûs & à écheoir dans l'étendue de la Généralité de la Rochelle , & spécialement sur ceux de la Censive de ladite Ville , à compter du premier Janvier 1744. & prescrit à cet égard ce qui doit être observé , tant par les Engagistes desdits Droits de Lods & Ventes , que par les Acquéreurs redevables desdits Droits , &c. le tout en exécution de l'Edit du mois de Décembre 1743.

Du 17 Février 1745.

Décision du Conseil , qui , du consentement du Fermier, décharge la Dame Anne-Claude-Guillaume d'Orbigny , veuve du sieur Potot , Prevôt des Marchands & Vice-Bailly d'Auxois, du Droit de Franc-Fief pour raison du Fief de Montbelliard , & ce en qualité de Demoiselle rentrée dans sa noblesse par le décès de son mari ; ordonne que ses enfans payeront le Droit au prorata de leur jouissance du Fief , depuis la mort de leur pere , jusqu'au jour de l'abandon par eux fait à leur mere de la propriété dudit Fief , pour remplacement de ses fonds dotaux , & que ladite Dame veuve Potot payera le Droit de Centiéme denier de l'Acte sous seing privé, par lequel le Fief lui a été abandonné.

Du 23 Février 1745.

* Arreſt du Conſeil, qui, pour le bien du Commerce, la conſerva ion des Bois propres pour la Marine & le chauffage des Habitans de pluſieurs Villes de la Province de Languedoc, ordonne l'exécution du Procès-verbal dreſſé par les ſieurs Pirot & Souche; & en conſéquence, que les Verreries appellées le Patron de Baume, de Rouet, de Ricome & de Monteils mentionnées audit Procès-verbal, ſeront déplacées des lieux où elles ſont conſtruites, ſans qu'il puiſſe être permis de continuer à y fabriquer des Verres, à peine de trois mille liv. d'amende & de confiſcation des Matieres, ſauf à les tranſporter dans les lieux déſignés audit Procès-verbal, ou autres qui ſeront jugés convenables; ordonne en outre qu'il ſera procedé à la vérification des Verreries de la Civadiere & de Valbonne, ſituées dans le Diocèſe d'Uzès, pour être auſſi déplacées s'il y a lieu.

Du 23 Février 1745.

* Arreſt du Conſeil, par lequel Sa Majeſté, ſans avoir égard à un Arreſt du Parlemet de Paris du 12 Janvier 1745. a jugé, 1°. qu'une demande tendante à la deſtruction d'une Garenne, & aux dommages-intérêts de dégâts faits par des Lapins, doit être portée pardevant les Officiers des Maîtriſes des Eaux & Forêts. 2°. Que les Committimus & Evocations ne peuvent avoir lieu en matiere d'Eaux & Forêts.

Du 25 Février 1745.

* Déclaration du Roi, pour faire jouir les Receveurs Généraux des Domaines & Bois, des ſix deniers pour livre de taxations à eux attribués ſur les Succeſſions qui ſeront adjugées à Sa Majeſté à titre d'Aubaine, Bâtardiſe, Deshérence & Confiſcations qui ne ſeront pas reclamées ni entierement conſommées par les créances & autres charges, & que dans le cas où

les créances abforberoient lefdites Succeffions, ils retiendront lefdites taxations au marc la livre fur les Créanciers : défend à tous Créanciers qui feront faifir les Parties employées dans les Etats des Domaines & Bois, ou autres deniers étant entre les mains defdits Receveurs Généraux en cette qualité, de les affigner, pour affirmer ou voir déclarer les faifies valables ou autrement, fauf aux Créanciers à venir dans leurs Bureaux vérifier & compulferlefdits Etats; décharge lefdits Receveurs Généraux de fe préfenter fur lefdites affignations, & décharge de donner caution de leur maniement, ceux defdits Receveurs Généraux qui en ont été difpenfés, moyennant les finances par eux payées en conféquence de l'Edit du mois de Décembre 1706. & de la *Déclaration du Roi du 17 Janvier 1708. Contenant 3 Articles. Regiftrée au Parlement & à la Chambre des Comptes les 2 Avril & 4 May 1745.*

Du 2 Mars 1745.

Arreft contradictoire du Confeil, entre Charles Riquier, Fermier des Domaines de la Province de Normandie, & Marie-Jeanne-Elifabeth-Rofe de la Chevallerie, Engagifte des Droits de Contrôle des Greffes de ladite Province, tant en fon nom que comme prenant le fait & caufe du fieur Tribyre, & de Louis Dupin, Procureur au Parlement fes Ceffionnaires. Qui, en interprétant celui du 27 Juin 1741. ordonne que la Demoifelle de la Chevallerie jouira des Droits de Contrôle, tiers des émolumens des Greffes énoncés en fa Requefte où lefdits Droits ont été ci-devant établis, foit par elle ou fes auteurs, foit par les Fermiers des Domaines, fans néanmoins que fous prétexte du préfent Arreft elle puiffe les établir dans les lieux où ils n'avoient pas été perçus jufqu'au jour d'icelui, fauf au Fermier du Domaine à faire preuve qu'il a joui defdits Droits pendant plus de trente années ; qu'avant faire droit fur la demande de la Demoifelle de la Chevallerie contre le Fermier du Domaine, en reftitution defdits Droits, ordonne qu'elle fournira un état détaillé de ceux qu'elle prétend avoir été induement perçus par ledit Fermier, & fur la demande de ladite Demoifelle de la Chevallerie des Droits de Contrôle, tiers des préfentations des Deffendeurs, ordonne qu'elle juftifiera en avoir joui depuis

trente ans ; & la déboute de ses demandes des Droits de Contrôle, tiers des préfentations des Demandeurs, défauts & con-
gés, avec défenfes à ses Fermiers & Prépofés, & ayans caufes,
de les percevoir, à peine de concuffion.

Du 3 Mars 1745.

Décifion du Confeil, qui rejette la demande de la Dame
Jeanne Dulys, veuve du fieur Thomas le Normant, Garde de
feu S. A. R. Monfieur, tendante à être déchargée du payement de la fomme de fix mille liv. à laquelle elle a été condamnée par Ordonnance de M. l'Intendant d'Alençon du 12 Février
1740. pour droit de Franc-Fief du Fief & Terre de Grand
Camp par elle acquis moyennant douze mille livres, & ce fous
prétexte que la Terre eft roturiere & détachée du Fief, & qu'en
qualité de veuve d'un Commenfal, elle devoit jouir de l'exemption du Droit.

Du 13 Mars 1745.

Décifion du Confeil, qui, fur la décharge du triple Droit
de Centiéme denier demandée par le fieur le Duc pour les héritages à lui donnés par fon Contrat de mariage, lui accorde fa
demande, & ordonne que le fimple Droit fera perçu au profit
du Roi, attendu que la demande n'a été formée par le Fermier
qu'après les vingt années de l'ouverture d'icelui, & renvoye
devant M. l'Intendant de la Généralité d'Alençon, la contefta-
tion au fujet de l'obmiffion faite dans la Déclaration donnée,
des biens provenant d'une fucceffion collatérale.

Du 13 Mars 1745.

Décifion du Confeil, qui réforme une Ordonnance du fieur
de Jomaron, Subdélegué Général de l'Intendance de Dauphiné du 2 Juillet 1744. pour avoir ordonné la reftitution des
Droits de Contrôle & d'Infinuation du Contrat de mariage
d'Olivier de Vellecocq, Aubergifte du lieu de Barraux, &
Françoife Bigilou, fous prétexte que le Conttat n'avoit pas eu
lieu, au moyen de l'Acte de réfiliation d'icelui fignifié extra-

judiciairement le lendemain du jour du Contrôle & de l'Insinuation à la Requeste de la future, au lieu que la signification devoit être faite à la requeste de toutes les Parties qui avoient signé le Contrat de mariage.

Du 13 Mars 1745.

Décision du Conseil, qui confirme une Ordonnance de M. l'Intendant de Caën du 28 Janvier 1744. par laquelle les sieurs de Launay & Aubrée, Bourgeois de ladite Ville, ont été condamnés au payement du Centiéme denier, quatre sols pour livre, & triple Droit d'une Transaction passée entre eux le 29 Novembre 1743. pour raison d'Héritages fieffés audit sieur de Launay par ledit sieur Aubrée; Sçavoir, partie moyennant une rente fonciere non rachetable, & vendu l'autre partie à prix d'argent, & dans lesquels Héritages le sieur de Launay a été maintenu en vertu de la Transaction, en faisant raison de la plus value desdits Héritages au sieur Aubrée, fils du Vendeur.

Du 16 Mars 1745.

* Arrest contradictoire de la Cour des Aydes, rendu à l'occasion d'une somme de trente-deux mille quatre cens vingt-huit livres trois sols trois deniers dûe pour débets de comptes du Receveur des Gabelles à Langres, qui condamne solidairement & par corps, plusieurs Cautions du Comptable au payement des débets de ses comptes, aux intérêts d'iceux, jusqu'au parfait payement, & en tous les dépens.

Du 17 Mars 1745.

Décision du Conseil, qui confirme une Ordonnance de M. l'Intendant de Provence du 12 Décembre 1741. par laquelle les Dames Religieuses Bernardines de Marseille ont été déchargées du Droit d'Amortissement, pour raison de l'acquisition par elles faite de la Directe de partie des fonds qu'elles ont acquis pour la construction d'un nouveau Monastere.

Du 17 Mars 1745.

Décision du Conseil, qui déboute Dame Françoise Turreluit, veuve du sieur Vasserot de la Batie, de l'appel par elle interjetté d'une Ordonnance de M. l'Intendant du Duché de Bourgogne du 20 Juillet 1744. qui la déclare non-recevable dans sa demande en restitution d'une somme de neuf cens dix-sept livres treize sols 3 deniers qu'elle prétendoit que feu son mari avoit payée de trop pour le Droit de Franc-Fief de sa jouissance, & de celle de ses enfans, de la Terre de la Batie.

Du 20 Mars 1745.

Décision du Conseil, qui oblige le sieur Descoins à représenter son Contrat de mariage, pour l'Insinuation duquel on lui demande soixante livres au Bureau de Paris, au lieu de vingt-quatre livres par lui offerts.

Du 20 Mars 1745.

Décision du Conseil, contre le sieur Lievain, Marchand Drapier à Paris, porteur de deux Mandemens de M. le Duc de Gêvres de cinq mille livres chacun sur le sieur Turet qui les a acceptés, qui juge qu'il est dû deux Droits de Contrôle, l'un pour le Mandement, & l'autre pour l'acceptation.

Du 23 Mars 1745.

Arrest du Conseil, qui accorde un mois de délai aux Bourguemestres & Habitans de Givetz, pour représenter les Titres en vertu desquels ils jouissent du Droit de Bac & de passage au Pont de la Meuse établi à Charlemont, sinon sera par le Roi statué ce qu'il appartiendra.

Du 24 Mars 1745.

* Déclaration du Roi, *Registrée au Parlement de Provence le 9*

Avril suivant, qui ordonne, conformément à l'Article V. de l'Ordonnance du mois d'Août 1735. que les Teſtamens, Codiciles ou autres Actes de derniere volonté, comme auſſi l'Acte des cription des Teſtamens myſtiques, ſeront écrits par les Notaires ſous la dictée prononcée par le Teſtateur, avec défenſes de ſe ſervir de leurs Clercs ou autres, ſous quelque prétexte que ce ſoit, pour écrire leſdits Actes, ſans qu'en aucun cas les Cours Souveraines ni autres Juges en puiſſent accorder la permiſſion, à peine de nullité, ſuivant l'Article XLVII. de ladite Ordonnance de 1735.

Des 30 Mars 1745. 14 Août & 4 Décembre 1748.

* Arreſts du Conſeil d'Etat, & du Parlement de Rouen, rendus en faveur de l'Engagiſte du Domaine de Verneuil, qui le maintiennent dans les Droits de Péage, Coutume, Meſurage, Aulnage & Poids dépendans dudit Domaine qui ſont levés en ladite Ville, à l'effet d'être leſdits Droits de Péage & de Coutume perçus ſuivant les Tarifs & Pancartes mentionnés auſdits Arreſts.

Du 30 Mars 1745.

Arreſt du Conſeil, qui ordonne au ſieur Robert-François Dubuë de repréſenter dans un mois, entre les mains de M. le Contrôleur Général des Finances, les Titres en vertu deſquels il prétend être en droit de jouir du tiers des Droits de Travers ou Péage du Pollet de Diepe, ſinon ſera par le Roi ſtatué ce qu'il appartiendra.

Du 30 Mars 1745.

* Ordonnance de M. le Nain, Intendant de la Province de Languedoc, qui, pour la conſervation des Bois, défend d'avoir des Chévres ſans permiſſion, à peine de cent livres d'amende.

Du 10 Avril 1745.

Déciſion du Conſeil, qui réforme une Ordonnance de M. l'Intendant de Rouen du 12 Décembre 1744. pour avoir déchargé

chargé la Dame Marfolet de la demande à elle faite par le Fermier des Domaines, du Droit de Centiéme denier de la fucceffion de fon frere, fous prétexte que la fucceffion compofoit à
peine la portion de fa légitime de leur pere commun ; ordonne
qu'elle fera déclaration des Biens dont fon frere étoit propriétaire
au jour de fon décès.

Du 10 Avril 1745.

* Arreſt du Conſeil, & Lettres-Patentes regiſtrées au Parlement le 12 dudit, pour l'exécution des Délibérations du Clergé, au ſujet du Don gratuit de quinze millions accordé au Roi,
qui accordent 1°. l'Exemption des Droits d'Amortiſſemens, nouveaux Acquêts & autres, les Rentes qui ſeront conſtituées par le
Clergé, en vertu deſdites Délibérations, au profit des Gens de
main-morte. 2°. Exemptent pareillement les Contrats & autres
Actes qui ſeront paſſés par le Clergé Général & par les Dioceſes,
concernant l'Emprunt pour ledit Don gratuit, de tous Droits de
Contrôle, Inſinuation & autres de cette nature. 3°. Ordonnent
que les Avertiſſemens, Commandemens, Aſſignations, Saiſies-
arreſts, Exécutions, Quittances, Regiſtres, Procurations, Délibérations & autres Expeditions, & toutes les diligences qu'il
conviendra faire pour raiſon du recouvrement des impoſitions
ordonnées par la Delibération au ſujet dudit Don gratuit, & de
toutes les impoſitions, juſqu'audit jour 10 Avril 1745. ſur le
Clergé, continueront d'être faites en Papier ou Parchemin non
timbré, & ſans être ſujettes au payement des Droits de Contrôle. 4°. Exemptent du Droit d'Aubaine, Confiſcation,
Lettres de marque & de repréſailles les Rentes conſtituées par
le Clergé en faveur des Etrangers, ou qu'ils pourroient acquerir
ſur lui.

Du 11 Avril 1745.

Lettres-Patentes en forme d'Edit, portant érection de la Terre
de la Balme-Pierre-Chatel, dans la Province de Bugey, en
Comté de Seyſſel en faveur d'Antoine-Gilbert de Seyſſel, de
ſes enfans & poſtérité mâle nés en légitime mariage, aux pareils
honneurs, droits d'Armes, Blazons, Autorités, Prérogatives,

Prééminences en fait de Guerre, Assemblées d'Etats de Noblesse & autres, ainsi que les autres Comtes du Royaume.

Du 13 Avril 1745.

*   Arrest contradictoire du Conseil, entre M. le Comte de
Roche-chouar-Mortemar, Baron de Bray sur Seine, & Claude
Jarry, Notoire Royal en la Ville de Bray sur Seine, & Jean
le Franc, aussi Notaire Rayal à Courlon près Bray, qui maintient lesdits Jarry & le Franc dans la faculté d'instrumenter &
recevoir toutes sortes de Contrats & Actes à l'instar des autres
Notaires Royaux seuls, pour les Actes qui appartiennent ausdits Notaires Royaux, à l'exclusion des Notaires Seigneuriaux,
& concurremment avec les Notaires-Tabellions de la Baronnie de Bray, pour les Actes qui sont de nature à être passés par
les Notaires Seigneuriaux, conformément aux Réglemens.
Maintient pareillement les Huissiers à cheval & ceux à Verge
au Châtelet de Paris, dans le droit de s'établir & faire leur résidence dans toutes les Villes & lieux du Royaume, même dans
l'étendue de ladite Baronnie, d'y exploiter & mettre à exécution toutes sortes de Jugemens, & Ordonnances de Justice,
de quelques Juges qu'ils soient émanés, comme aussi tous Contrats, Obligations & Actes, par quelques Notaires qu'ils ayent
été passés.

Du 26 Avril 1745.

Décision du Conseil, qui réforme une Ordonnance de M.
l'Intendant de Rouen du 6 Juin 1744 & ordonne que le sieur
le Brument fera insinuer une Sentence du 30 Avril précédent,
par laquelle un Contrat de Vente a été annullé, & ledit sieur
le Brument remis en possession des Biens par lui vendus au
sieur Racine, faute par ledit sieur Racine d'avoir payé la totalité du prix d'iceux, & que ledit sieur Brument payera le Centiéme Denier.

Du 28 Avril 1745.

Décision du Conseil, qui confirme une Ordonnance de M.
de la Briffe, Intendant de la Généralité de Caën du 30 Oc-

tobre 1743. par laquelle il a été jugé que le sieur le Normand de Villers pere, ancien Capitaine de Dragons, Chevalier de Saint Louis, & le sieur le Normand de Villers son fils, Gendarme, doivent les Droits de Franc-Fiefs de leur Terre de Savigny, faute d'avoir pû justifier de leur Noblesse; & nonobstant qu'ils eussent soutenu qu'en qualité d'anciens Militaires & de Chevaliers de l'Ordre de Saint Louis, ils étoient exempts desdits Droits.

Du 28 Avril 1745.

Décision du Conseil, qui infirme une Ordonnance du sieur de Caumont, Subdelégué de M. l'Intendant de Rouen du 24 Août 1741. par laquelle les Filles de la Providence établies à Rouen, ont été déchargées du Droit d'Amortissement d'une Maison par elles acquise à titre de Bail à Rente fonciere, sous prétexte que l'acquisition n'en a été faite que pour faciliter la construction des Classes destinées à l'instruction des enfans; mais le Fermier ayant prouvé que la Maison acquise étoit louée à un particulier lors de l'acquisition, & que le Bail en a été renouvellé, le Conseil a jugé que le Droit d'Amortissement est dû.

Du premier May 1745.

Décision du Conseil, qui rejette la Demande du nommé Janot, Huissier, prenant le fait & cause de Deschamps, aussi Huissier, tendante à être déchargé de l'amende par lui encourue pour avoir présenté au Bureau du Controlle deux Exploits après le délai de trois jours prescrit par les Réglemens.

Du premier May 1745.

Décision du Conseil, qui juge que le sieur Descoins, Compagnon Ciseleur, payera le Droit d'Insinuation, suivant la qualité de Bourgeois de Paris par lui prise dans son Contrat de Mariage, sur le pied de soixante livres, y compris les quatre sols pour livre, attendu la donation entre vifs portée par icelui, de la propriété de tous les Biens, Meubles, Propres, Acquêts & Conquêts, en faveur du Survivant.

Du premier May 1745.

Décision du Conseil, qui rejette la Demande du nommé Quenaye, Maître Vitrier à Paris, tendante à ne payer que trois livres douze fols pour l'Infinuation de fon Contrat de Mariage, contenant donation en fa faveur d'une portion d'enfant, conformément à l'Article 34 du Tarif de 1722. concernant le Controlle des Actes, & juge qu'il eft dû quarante-huit livres, fuivant la troifiéme claffe de l'Article premier du Tarif des Infinuations du même.

Du deux May 1745.

Arreft du Confeil, qui commet Maurice Charvre pour faire, à titre de Régie, le recouvrement des Finances qui doivent provenir de l'exécution de trois Edits du mois de Fevrier précédent, pour le rachat du Prêt & Annuel des Officiers des Elections, Greniers à Sel, & des Eaux & Forêts; l'attribution faite de cinq fols de Droits Mannuels par minot de Sel aufdits Officiers des Greniers à Sel, & de la création d'Offices d'Infpecteurs & Controlleurs des Maîtres & Gardes, Jurés & Syndics des Corps & Communautés d'Arts & Métiers dans les Villes & autres lieux du Royaume.

Du 3 May 1745.

Arreft du Confeil, qui renvoye à M. le Nain, Intendant en Languedoc, la Requête du Syndic Général, tendante à ce que les Particuliers qui ont conftruit des Ouvrages offenfifs dans le lit de la Riviere d'Herault, feront tenus de les démolir, & lui donne pouvoir d'entendre les Parties intéreffées, & dreffer Verbal de leurs dires & requifitions.

Du 4 May 1745.

Arreft du Confeil, qui ordonne qu'en payant par les Etats de la Province de Bourgogne, Duché, la fomme de onze mille quatre cens livres par forme d'abonnement, pour tenir lieu des Droits de Controlle des Déliberations & autres Actes, reçûs par les Greffiers & Secretaires des Villes & Communautés de ladite Province, & de ceux d'Infinuation des Donations des Bagues & Joyaux portés par les Contrats de Mariage ; le tout depuis le premier Janvier 1708. jusqu'au dernier Décembre 1744. lefdits Greffiers, Secretaires, & autres Officiers Particuliers, feront déchargés de la peine de nullité des Actes, & des amendes par eux encourues, à la charge de faire controller & infinuer les Actes qui y font fujets, dans le délai de fix mois, fans pour ce payer aucuns defdits Droits, faute de quoi les Actes font annullés ; fauf & fans préjudice au Fermier à faire les recherches & pourfuites pour raifon des différens Droits qui peuvent être dûs dans les autres Villes & lieux de ladite Province, qui ont des Etats particuliers, & ne font point partie des Etats Généraux.

Du 5 May 1745.

Décifion du Confeil, qui juge que le Droit d'Amortiffement eft dû pour deux Maifons tombées en deshérence, au profit de l'Abbaye de Fecamp, & que l'on ne peut fous aucun prétexte en furfeoir le payement, nonobftant la prétention de l'Econome qui foutenoit qu'une des Maifons en queftion étant tombée en deshérence pendant la vacance de l'Abbaye, & que les revenus en appartenant au Roy, le Droit n'étoit pas dû dans ce cas.

Du 6 May 1745.

* Arreft du Confeil, qui ordonne que les Propriétaires des Héritages qui aboutiffent au Pourtour des ceintures des Parcs de Verfailles & de Marly, feront tenus de remplir les Foffés, arracher les Hayes & Bois plantés fur lefdites ceintures, pour les retirer fur leur terrein.

Du 15 May 1745.

* Arreft du Confeil, portant Réglement, pour la Régie du Domaine de Châteauroux, *contenant 3 Articles.*

Du 15 May 1745.

Arrest du Conseil, qui proroge en faveur du Clergé, jusqu'à son Assemblée de l'année 1750. les délais accordés par la Déclaration du Roy du 20 Novembre 1725. & par les Arrests du Conseil des 31 Mars 1727. 21 Mars 1728. 25 Septembre 1730. 24 Juillet 1735. & 9 Août 1740. pour rendre les foi & hommage dûs au Roy, & pour fournir aux Chambres des Comptes des Déclarations du temporel des Bénéfices dépendans du Clergé.

Du 15 May 1745.

* Arrest du Conseil, qui régle la maniere dont les Officiers des Elections, des Greniers à Sel, des Eaux & Forêts, & les Inspecteurs & Controlleurs des Maîtres & Gardes dans les Corps des Marchands, & dans les Communautés d'Arts & Métiers, payeront les sommes pour lesquelles ils sont employés dans les Rolles arrêtés au Conseil en exécution des Edits du mois de Fevrier 1745.

Du 15 May 1745.

* Arrest du Conseil, qui déclare nul un Acte de transport fait par le sieur Raste pardevant Chomel, Notaire à Paris, le 21 Août 1744. au profit de Louis-Simon Drouet, en conséquence de deux Actes sous signatures privées non controllés.

Condamne lesdits sieurs Chomel & Drouet au payement des Droits de Controlle desdits deux Actes, suivant leur nature & qualité, & chacun d'eux en l'amende de trois cens livres.

Condamne pareillement le nommé Mechin, Huissier, en trois cens livres d'amende pour avoir signifié ledit Acte de transport, réitere les défenses faites tant aux Notaires au Châtelet de Paris, qu'à tous autres qui ont droit d'instrumenter comme Notaires, & à tous Greffiers de faire aucuns Actes en conséquence de ceux sous signatures privées, qu'ils n'ayent préalablement été controllés & les Droits payés, à peine de nullité, & des amendes portées par les Réglemens.

Et ordonne, sous les mêmes peines, aux Notaires & Greffiers

de faire mention dans les Actes qu'ils passeront en conséquence de ceux sous signatures privées, du Controlle desdits Actes sous signatures privées, du nom du Controlleur, de celui du Bureau où ils auront été controllés, & du Droit reçû.

Du 19 May 1745.

Décision du Conseil, qui confirme une Ordonnance de M. l'Intendant d'Alençon du 20 Août 1743. par laquelle les Chanoines réguliers du Prieuré de Charteage ont été condamnés au payement du Droit d'Amortissement, pour raison des Maisons, Terres & Héritages de la Gimandiere & Numerie, par eux donnés à titre de Bail à cens, au nommé Fresnel & sa femme, moyennant soixante-dix livres de Rente fonciere, & dans lesquels ils sont rentrés en conséquence d'un Acte volontaire, passé entr'eux & ledit Fresnel le 12 Septembre 1741. sur une assignation en déguerpissement, donnée à Fresnel au Grand Conseil, & un Arrest qui y avoit retenu la Cause.

Du 19 May 1745.

Décision du Conseil, qui confirme deux Ordonnances de M. l'Intendant de Rouen des 10 Juillet 1743. & 15 Fevrier 1744. par lesquelles le sieur Alexandre Rassine, Capitaine Exemt des Gardes du Roy de la Prévôté de l'Hôtel & Grande Prévôté de France, a été condamné au payement du Droit de Franc-Fief, nonobstant qu'il eût soutenu que sa Charge lui donnant la qualité de Commensal de la Maison du Roy, il devoit jouir de l'exemption de ce Droit.

Du 22 May 1745.

* Arrest du Conseil, qui juge qu'attendu que le Domaine de Crecy, ci-devant engagé, est rentré en la main de Sa Majesté en 1721. & a été par Elle revendu en 1723. ce Domaine a été remis en sa main ; & en conséquence, décharge le sieur Moriceau, Conseiller au Parlement, de la demande à lui faite par l'Engagiste, des Droits Féodaux à cause de l'acquisition de la Terre de la Motte Goutervois.

Du 22 May 1745.

*   Arreſt du Conſeil, qui maintient les Repréſentans le ſieur de Logiviere, dans un Droit de Péage à Maule, Généralité de Paris, ſans que ledit Droit puiſſe être perçû ſur les Grains & Légumes, ſuivant le Tarif y énoncé.

Du 22 May 1745.

*   Deux Arreſts du Conſeil, qui liquident les Rentes qui doi-vent être payées à perpetuité au Fermier du Domaine de Sa Majeſté, en exécution de la Déclaration du 21 Novembre 1724. & de l'Arreſt & Lettres-Patentes ſur icelui, du 20 No-vembre 1742. par les Gens de Main-morte de la Généralité de Metz & Principauté de Sedan, y dénommés, pour tenir lieu du Droit d'Indemnité dû au Roy, à cauſe des nouvelles acquiſitions par eux faites dans l'étendue des Mouvances, Cen-ſives & Hautes Juſtices de Sa Majeſté; condamne leſdites Gens de Main-morte, chacun pour ce qui les concerne, aux amendes de cent livres par eux encourues; au payement deſquelles, & aux arrérages échûs deſdites Rentes, ils ſeront contraints par toutes voyes.

Du mois de Juin 1745.

*   Edit du Roy, *regiſtré au Parlement le 27 Juillet ſuivant,* portant réunion à la Senéchauſſée du Boulonnois, des Juriſ-dictions de différentes Prévôtés, établies dans des lieux voiſins de la Ville de Boulogne, *contenant 14 Articles.*

Du 5 Juin 1745

*   Arreſt du Conſeil, qui condamne le ſieur de Sauroy, Offi-cier de l'Ordre de Saint Louis, à payer aux Officiers du Do-maine du Dauphiné, les ſix ſols pour livre des Droits de Lods & Ventes de l'acquiſition par lui faite de la Terre & Marquiſat du Terrail.

Du

Du 22 May 1745.

* Arrest du Conseil, qui permet aux Abbé, Prieur & Religieux de Notre-Dame d'Olivet, de tenir un Bacq sur la Riviere du Cher au Port Martin, Généralité d'Orleans, & de percevoir, pour le service du passage, les Droits suivant le Tarif inséré audit Arrest.

Du 8 Juin 1745.

* Ordonnance du Roi, qui permet de faucher les Prés, à commencer du 15 Juin 1745. en avertissant les Capitaines des Chasses ou autres Officiers des Capitaineries.

Du 12 Juin 1745.

* Arrest du Conseil, qui ordonne l'exécution des Reglemens concernant le Contrôle & Insinuation des Actes sous signatures privées; casse plusieurs Ordonnances de M. Dodart, Intendant de la Généralité de Bourges, pour avoir fait remise de la peine du triple Droit, faute d'avoir acquitté les Droits de Centiéme denier; condamne plusieurs Particuliers au payement desdits Droits, quatre sols pour livre, & triples Droits en sus, à cause des acquisitions par eux faites en vertu d'Actes sous signatures privées, & défend audit sieur Intendant de faire aucune remise ou modération des triples Droits encourus par les Acquéreurs en vertu d'Actes sous signatures privées.

Du 16 Juin 1745.

Arrest du Conseil, qui déboute le sieur Negon, Receveur Général des Domaines de la Généralité de Caën, & Charles Riquier, Sous-Fermier des Domaines de la Province de Normandie, de leurs demandes, tendantes à jouir des Droits d'Echanges dans l'étendue du Domaine de Thorigny, aliené à faculté de rachat perpétuel à Madame la Comtesse d'Avernes; & ordonne l'exécution d'une Sentence du Bureau des Finances de Caën du 12 Décembre 1743. par laquelle le Fermier de Madame d'Avernes a été maintenu dans la jouissance desdits Droits.

Du 16 Juin 1745.

* Arrest du Conseil, qui éteint & supprime à perpétuité la

Boucherie appellée du Roc de Pezenas, à la charge par la Ville
& Communauté de Montpellier de payer annuellement à M.
de Chevrieres, Abbé d'Aniane, propriétaire de ladite Boucherie, & à ses successeurs, une somme de huit cens livres.

Du 19 Juin 1745.

*　　Arrest contradictoire du Conseil, qui déboute les Dames Ab-
besse & Religieuses de saint Sauveur d'Evreux de leur appel
d'une Ordonnance de M. de la Bourdonnaye, Intendant de la
Généralité de Rouen, du 30 Novembre 1744. par laquelle elles
ont été condamnées à payer le Centiéme denier, & le Droit
d'amortissement des Héritages réunis à leur Baronnie d'Hou-
donville par Sentence du Juge de ladite Seigneurie du dix-sept
Janvier 1731. faute de leur avoir fourni hommes, aveux & de-
voirs Seigneuriaux, & ordonne que dans le cas de dépossession
desdits Héritages, elles pourront faire de nouvelles acquisitions
sans payer d'amortissement, jusqu'à concurrence de la valeur
desdits Héritages dont lesdits Droits d'amortissement auront été
payés.

Du 19 Juin 1745.

*　　Arrest du Conseil, qui commet le sieur Trudaine, Con-
seiller d'Etat & Intendant des Finances, pour procéder à l'adjudication du Bail à ferme des Domaines & Droits Domaniaux
dans l'étendue de la West-Flandre, rentrée sous la domination
de Sa Majesté en 1744.

Du 19 Juin 1745.

Arrest contradictoire du Conseil, qui ordonne que le sieur
Philippes de la Riviere payera annuellement au Domaine du
Roi à Caën, une rente de sept boisseaux & demi de Froment,
mesure de Bayeux, faisant moitié de quinze boisseaux par lui
dûs sur des Héritages par lui possedés en la Paroisse de Meraint,
faute par lui d'avoir payé le supplément de finance ordonné par
les Arrests du Conseil des 14 May & 23 Juin 1721. & 16 Janvier 1725.

Du 19 Juin 1745.

Décision du Conseil, qui juge qu'un compte de Tutelle judiciairement rendu , n'est point sujet au Droit de Contrôle des Actes.

Du 19 Juin 1745.

Décision du Conseil , qui juge qu'il n'est dû que douze sols pour le Contrôle d'une Procuration , à l'effet de signer un avis de parent pour autoriser un Tuteur à acquerir , vendre ou emprunter pour son Mineur , & qu'il n'est rien dû si l'avis de parent est donné devant un Juge par les parens.

Du 22 Juin 1745.

Décision du Conseil , qui ordonne la révocation du sieur Lescau , Contrôleur des Actes des Notaires à Mantes , pour avoir refusé de faire signifier , en qualité de Greffier du Grenier à Sel de l'Election & du Bailliage de ladite Ville , l'extrait du Rolle des Taxes ordonnées par les Edits du mois de Février 1745. & excité les autres Officiers à résister au payement desdites Taxes.

Du 22 Juin 1745.

* Arrest notable du Parlement de Paris , qui juge que les Droits Seigneuriaux sont dûs dès l'instant du Contrat , pour une cession faite d'une Maison de Ville moyennant une rente fonciere , annuelle & perpétuelle , stipulée non rachetable , & qui n'étoit pas la premiere après le Cens.

Du mois de Juillet 1745.

* Edit du Roy , portant réunion de la Prevôté de la Ville de Lorris au Bailliage de la même Ville , dans l'étendue de l'apanage de M. le Duc d'Orleans. *Contenant 6 Art. Registré au Parlement le 6 Août 1745.*

Du 2 Juillet 1745.

* Contrat passé entre le Roy & le Clergé , par lequel les Commissaires du Conseil nommés pour accepter un Don gratuit de

quinze millions, promettent, 1°. l'Exemption des Droits d'A-
mortissemens, nouveaux Acquêts & autres sur les Rentes qui
seront constituées par le Clergé, en vertu de ses Délibérations,
au profit des Gens de Main-morte. 2°. L'Exemption de tous
Droits de Contrôle, Insinuation & autres de cette nature sur
les Contrats & autres Actes qui seront passés par le Clergé Général & par les Diocèses, concernant l'Emprunt pour ledit Don
gratuit. 3°. Pareille Exemption des Droits de Formule & de
Contrôle pour les Avertissemens, Commandemens, Assigna-
tions, Saisies-arrêts, Exécutions, Quittances, Registres, Procurations, Délibérations & autres Expéditions, & toutes les
diligences qu'il conviendra faire pour raison du Recouvrement
des Impositions ordonnées par la Délibération au sujet dudit
Don gratuit, & de toutes les Impositions sur le Clergé, jusqu'au
10 Avril 1745. 4°. L'Exemption du Droit d'Aubaine, Confiscation, Lettres de Marque & de Représailles pour les Rentes constituées par le Clergé en faveur des Etrangers, ou qu'ils
pourroient acquérir sur lui.

Des 2 Juillet & 6 Août 1745.

* Deux Arrests de la Cour des Aydes, confirmatifs de deux
Sentences de l'Election de Paris des 3 Décembre 1742. & 4
Avril 1743. par lesquelles les nommés Hugault, Marchand de
Fer, & Rovillain pere & fils, Maréchaux ferrant, ont été condamnés solidairement, & par corps, au payement d'un Débet
du sieur Leger Desprez, Directeur & Receveur des Aydes à
Saint Germain-en-Laye, dont ils étoient Cautions, & le sieur
de Villemeur, Fermier Général, en qualité de Certificateur
du Cautionnement, déchargé de la demande des Cautions dudit Desprez, tendante à ce qu'il fût tenu d'acquitter ledit Débet.

Nota. Ces Titres jugent qu'un Fermier Général, en qualité de Certificateur de Caution, ne peut être réputé Caution lui-même, & que l'Adjudicataire des Fermes ne peut
agir contre lui qu'après la discussion des Cautions.

Du 3 Juillet 1745.

§ Arrest du Conseil, qui déboute les Maire, Echevins, Communauté & Habitans de la Ville de Phalsbourg, tant en leurs noms que comme prenant le fait & caufe des fieurs Curé & Marguilliers de l'Eglife Paroiffiale de ladite Ville, & des Adminiftrateurs du Saint Sacrement de ladite Eglife, de leurs demandes en décharge des Droits d'Amortiffemens de fondations; & ordonne que les Reglemens, pour la perception de ces Droits, & les contraintes du Fermier décernées contre eux, feront exécutées.

Du 7 Juillet 1745.

Décifion du Confeil, qui confirme une Ordonnance de M. l'Intendant de Provence du 19 Février 1744. par laquelle les Dames Rectrices de l'Oeuvre du Bouillon de la Ville d'Arles ont été déchargées du Droit d'Amortiffement d'un Legs de fix mille livres à elles fait, pour le revenu être employé au payement de deux Médecins & un Chirurgien qui doivent avoir foin de vifiter les Malades, & les remédes que les Médecins ordonnent.

Du 7 Juillet 1745.

Décifion du Confeil, qui confirme une Ordonnance de M. l'Intendant de Provence du 19 Février 1744. par laquelle les Adminiftrateurs de l'Hôtel-Dieu de faint Nicolas des Pauvres de la Ville de Tarafcon ont été déchargés du Droit d'Amortiffement d'une Rente de cinquante livres, au principal de mille liv. leguée à cet Hôtel-Dieu, pour augmenter l'honoraire des deux Chirurgiens de fervice auprès des Malades.

Du 7 Juillet 1745.

Décifion du Confeil, qui confirme une Ordonnance de M. l'Intendant de Caën du 27 Janvier précédent, par laquelle le fieur Jean-Adrien le Sauvage de Vauferrier a été condamné de payer au Fermier du Domaine les Droits de Treiziéme de cinq Echanges par lui faits, fauf fon recours contre le Receveur de M. le Duc de Penthievre, Engagifte du Domaine de Cotentin, auquel ledit fieur de Vauferrier prétendoit les avoir acquittés.

Du 10 Juillet 1745.

. Décision du Conseil, qui juge que le Droit de Contrôle d'une donation entre-vifs faite par une mere à son fils aîné, de tous ses biens montant à quatre-vingt-dix mille livres, à la charge par ce fils de donner, après la mort de sa mere, dix mille livres à chacun de trois freres cadets pour leur légitime, doit être payé non-seulement sur les quatre-vingt-dix mille livres portés en la donation faite à l'aîné, mais encore sur les trente mille livres qui reviennent aux trois freres puînés pour leur légitime.

Du 10 Juillet 1745.

Décision du Conseil, qui confirme une Ordonnance de M. l'Intendant de Grenoble du 19 Décembre 1742. par laquelle le sieur Barnave, Maire de Saillans, a été condamné au payement du Droit de Contrôle de l'Inventaire ou description des Effets de la succession de sa Belle-mere, après le scellé apposé à sa requeste par le Juge du lieu, lequel Inventaire il prétendoit n'être point sujet au Contrôle, sous prétexte qu'il avoit été fait par le Juge & son Greffier.

Du 14 Juillet 1745.

Décision du Conseil, qui, du consentement du Fermier des Domaines, décharge M. l'Evêque, & les Chanoines du Chapitre d'Avranches, du Droit d'Amortissement, pour raison d'une Transaction passée entr'eux & le Curé de la Paroisse du Val-Saint-Pere, par laquelle le Curé leur remet les Dixmes novales de sa Paroisse, au moyen d'une portion congrue de trois cens livres, & cent cinquante livres pour son Vicaire.

Du 24 Juillet 1745.

* Déclaration du Roy, *registrée au Parlement le 21 Août suivant*, qui confirme les Grands-Maîtres des Eaux & Forêts dans les Priviléges, Exemptions, Prérogatives & attributions de

cinq deniers pour livre du prix de la vente des Bois du Roy, dans les quatorze deniers que Sa Majesté avoit ordonné être perçus à son profit par l'Edit du mois de Juillet 1715. & conformément à l'Ordonnance du mois d'Août 1669. & aux Edits des mois de Février 1704. Septembre 1706. Mars 1708. & Lettres-Patentes du 28 Décembre 1724. *Contenant 3 Articles.*

Du 24 Juillet 1745.

Arrest contradictoire du Conseil, qui condamne la Dame Magdelaine du Taillis le Rat, veuve du sieur Jean le Roy, au payement du Droit de Franc-Fief du Fief & Seigneurie de Su-homme, situé paroisse de Varaville, Election de Caën, échû à ses enfans, quoique le Fief eût été acquis par leur pere séparément du Domaine utile, & ce au moyen de ce que le Domaine utile avoit été acquis par le frere de leur pere qui en avoit hérité, & que les deux freres acquéreurs n'avoient pas possedé, chacun pendant dix années, le Fief & le Domaine utile avant la réunion d'iceux dans la même main, conformément à la Déclaration du Roy du 23 Juin 1731. portant Reglement, pour sur les aliénations ou acquisitions faites par actes separés de la propriété des Fiefs & Domaines non fieffés.

Du 30 Juillet 1745.

Arrest contradictoire de la Cour des Aydes, en faveur d'Anne Bonneau, veuve du sieur Pellerin de Beauvais, Contrôleur ordinaire des Guerres, contre les Maire, Echevins, Manans & Habitans de la Ville de Châtillon-sur-Indre, qui, entr'autres dispositions, ordonne l'exécution des Edits & Déclarations des mois de Décembre 1691. Septembre 1692. 19 Janvier & Septembre 1694. & des Arrests de la Cour des Aydes des 30 May 1725. & 17 Juillet 1733. & en conséquence, maintient les Contrôleurs des Guerres dans le droit & possession des Priviléges à eux accordés, & notamment dans l'Exemption des Tailles, Curatelles, Franc-Fiefs, Logemens de Gens de Guerre & autres.

Du 31 Juillet 1745.

Décision du Conseil, qui juge que des Lettres-Patentes qui exemptent du Droit d'Aubaine les sieur Harrisson & Démoiselle Bourchier, Anglois, sont sujettes à l'Insinuation comme les Lettres de naturalité.

Du mois d'Août 1745.

* Edit du Roy, *registré au Parlement les 18 Septembre & 10 Décembre suivant*, portant suppression des Offices de Trésorier-Receveur-Payeur & Contrôleur des quatoze deniers pour livre du prix des Bois du Roy, créés par autre Edit du mois de Février précédent ; attribue aux Receveurs & Contrôleurs Généraux des Domaines & Bois, deux desdits quatorze deniers, dont devoient jouir lesdits Trésorier-Receveur-Payeur & Contrôleur, sans que lesdits Receveurs & Contrôleurs Généraux des Domaines & Bois puissent prétendre les trois Minots de Franc-salé & dix sols de droit de Quittance qui avoient été attribués ausdits Trésorier & Contrôleur des quatorze deniers, maintient les Receveurs Particuliers des Bois dans l'hérédité de leurs Offices, & dans la jouissance des deux deniers pour livre du prix de la vente des Bois à eux attribués par l'Edit de Février 1745.

Du mois d'Août 1745.

* Edit du Roy, *registré au Parlement le 3 Septembre suivant*; portant suppression des Vicomtés de Bellesme & la Perriere, & réunion des Causes & Procès qui y étoient portés, à la Jurisdiction du Bailliage de Bellesme. *Contenant 11 articles.*

Du premier Août 1745.

* Arrest du Conseil, qui défend à la Dame veuve du sieur Daquin, de percevoir aucun Droit de Péage à Château-Regnard, soit dans la Seigneurie du Haut Château-Regnard, soit dans celle du Bas Château-Regnard ou de la Mothe, & dans les lieux de Triguéres, Douchy & Montcorbon, ni ailleurs, dans l'étendue desdites Seigneuries. Généralité d'Orleans.

Du

Du premier Août 1745.

* Arrest du Conseil, qui ordonne que les Droits qui se percevront dans la Ville de Dixmude & dépendances, feront partie de la Ferme de West-Flandre, & appartiendront à celui qui s'en rendra adjudicataire.

Du premier Août 1745.

* Arrest du Conseil, qui supprime le Droit de Péage prétendu par la Dame veuve Charlet sur le Pont construit sur la Riviere de Merin au lieu d'Esbly, Généralité de Paris.

Du premier Août 1745.

* Arrest du Conseil, qui maintient le sieur de Montesquiou, en qualité d'Engagiste du Domaine de Sa Majesté, dans un Droit de Péage, à raison de cinq deniers sur chaque bête à pied fourché passant en batteau sur la Riviere de Seine par la Ville de Mantes, Généralité de Paris.

Du premier Août 1745.

* Arrest du Conseil, qui supprime les Droits de Travers & Péage par terre, prétendus par les Abbé & Religieux de Notre-Dame de Royaumont, au lieu & dans la Seigneurie d'Asnieres, Généralité de Paris.

Du 4 Août 1745.

* Arrest du Grand Conseil, qui condamne les sieurs Huquet de Semonville, Greffier en chef des Requestes du Palais ; le Camus, Greffier des Decrets ; & l'Epine, Greffier du Parquet desdites Requestes, à restituer à M. Plumard, Secretaire du Roy, les Droits par eux exigés pour les Droits de Greffes d'un decret poursuivi par ledit sieur Plumard, & fixe à 3 liv. les droits desdits Greffiers pour plume & encre.

Du 6 Août 1745.

* Arrest du Parlement, qui autorise Georges Gougenot, Secretaire du Roy, Tuteur onéraire de Louis-Joseph de Bourbon, Prince de Condé, Prince du Sang, à affermer ou faire

régir seul la totalité du revenu de la Terre d'Arches, Charleville, & dépendances.

Du 7 Août 1745.

*   Arrest du Conseil, qui ordonne l'exécution des Edits des mois de Décembre 1703. & Octobre 1705. & des Arrests rendus en conséquence les 2 Août 1707. 7 Novembre 1724. & 24 Octobre 1741. confirme une Ordonnance de M. de Creil, Intendant à Metz, du 2 Mars 1744. par laquelle la Dame de Grangemont a été condamnée au payement des Droits de Centiéme denier, & les quatre sols pour livre, & un Droit en sus pour raison de la Concession à elle faite par sa sœur, & ce moyennant deux cens liv. de rente au principal, de quatre mille livres, des trois quarts des Forges d'Harancourt ; condamne en outre ladite Dame de Grangemont à payer les Droits de Controlle de plusieurs Actes, & la somme de douze cens livres d'amende pour avoir passé lesdits Actes devant d'autres Notaires que ceux qui ont droit d'instrumenter dans les lieux de leurs résidences, & n'en avoir pas rapporté les Expéditions au Bureau du Controlle dans les délais fixés par l'Arrest du 24 Octobre 1741.

Du 7 Août 1745.

Décision du Conseil, pour faire exécuter la disposition de l'Arrest du Conseil du 25 Juillet 1724. qui accorde trois mois pour faire controller les Actes de reconnoissance aux Papiers Terriers des Seigneurs.

Du 7 Août 1745.

Décision du Conseil, qui juge que la Dame de la Motte, épouse séparée, quant aux biens, du sieur Charles Barbé, Avocat, doit le Centiéme denier, tant d'une somme de seize mille livres à elle abandonnée par son mari, en déduction de celle de vingt-deux mille neuf cens quatre-vingt-huit liv. douze sols dont il lui étoit redevable, que de celle de huit mille liv. pour le capital de deux Rentes qu'elle est chargée d'acquitter par l'Acte d'abandon qui lui est fait par son mari.

Du 7 Août 1745.

Décision du Conseil, qui réforme une Ordonnance du Sub-delegué de M. l'Intendant de Rouen du 10 Mars précédent, pour avoir qualifié un titre-nouvel de simple reconnoissance, & en conséquence, reglé à dix fols le Droit de Controlle, au lieu de trente six liv. douze fols perçus par le Commis, conformément à l'Art. XCI. du Tarif de 1722.

Du 7 Août 1745.

Décision du Conseil, qui confirme une Ordonnance de M. l'Intendant de la Généralité de Caën du 27 Janvier précédent, par laquelle le Fermier du Domaine a été autorisé à décerner sa contrainte contre le sieur de Heunot, Seigneur de Theville, pour raison d'un Droit d'Echange que ledit sieur de Theville soutenoit n'être pas dû, ou avoir été payé au sieur Guesnon, Receveur de M. le Duc de Peinthievre, en qualité d'Engagiste du Domaine de Coutance, sauf au sieur de Theville à se pourvoir en restitution contre ledit sieur Guesnon.

Du 8 Août 1745.

Lettre de M. Trudaine, Intendant des Finances à M. de Folleville, Procureur Général de la Chambre des Comptes de Rouen, pour engager les Commis du Greffe à délivrer au Fermier du Domaine les Expéditions dont il peut avoir besoin, en leur payant les simples déboursés qu'occasionneront les Pieces dont il aura besoin.

Du 9 Août 1745.

Décision du Conseil, pour se conformer à ce qui a été décidé au sujet de l'Insinuation des Lettres d'Etat.

Du 9 Août 1745.

Arrest du Parlement, en faveur de la Communauté des Notaires Royaux & Procureurs de la Ville, Prevôté, Châtellenie Royale & Comté de Corbeil, qui maintient lesdits Notaires, par provision, dans le droit de faire tous les Inventaires & autres Actes volontaires, privativement au Prevôt & autres Officiers du Siége Royal de ladite Ville de Corbeil, avec défenses de les y troubler.

Du 14 Août 1745.

* Arrest du Grand Conseil, portant Reglement pour retrancher & fixer les frais de Procédures dans les appointemens à mettre.

Du 14 Août 1745.

Lettre de M. Orry de Fulvy, Conseiller d'Etat, Intendant des Finances, & M. de Jomaron, Subdelegué Général de l'Intendance de Dauphiné, qui décide que les Actes passés par les Greffiers sont sujets au Droit de Controlle, & que le Fermier n'a pas la préference sur le triple Droit de Centiéme denier.

Du 15 Août 1745.

Décission du Conseil, concernant les Droits réservés de ceux attribués aux Offices de Controlleurs des dépens établis par Edit du mois de Mars 1694. Qui juge, contre le Procureur du Roy au Présidial d'Orleans, que ces Droits fixés à un sol pour livre, par Déclaration du 3 Août 1732. sont dûs sur le montant des Droits attribués aux Receveurs des Consignations employés dans une Sentence d'ordre & de distribution de deniers.

Du 21 Août 1745.

Décission du Conseil, qui rejette la demande du sieur Villay, ci-devant Controlleur des Actes au Bureau de Plouay en Bretagne, & Procureur en la Jurisdiction dudit lieu, tendante à être déchargé d'une somme de neuf cens livres, par lui restant dûe sur celle de quinze cens livres, à laquelle le Fermier a bien voulu réduire les amendes par lui encourues, les restitutions de Droits par lui perçus de trop, & les obmissions de recette.

Du 21 Août 1745.

* Arrest du Conseil, qui ordonne ce qui sera observé & exécuté par Jacques Forceville & Thibault Larue, successivement Adjudicataires des Fermes Générales, chacun pour ce qui les concerne, à l'occasion de la perte des deniers de plusieurs Fermes dans la maison du sieur Ansiaume, Controlleur des Actes, entierement brûlée par l'incendie arrivé en la Ville de Crevecœur, Géneralité d'Amiens, le 13 Janvier 1745. dont il leur sera tenu compte sur le prix de leurs Baux, ainsi qu'à leurs Sous-Fermiers des Aydes & Domaines.

Du 21 Août 1745.

Ordonnance de M. Bertier de Sauvigny, Intendant de la Généralité de Paris, qui condamne Gilles Deshayes, Boucher à Courance, & Nicolas Mercier, Boucher à Montigny, Paroisses non sujettes aux Droits d'Inspecteurs aux Boucheries; le premier en la confiscation de 30 livres de Viande qu'il conduisoit dans la Paroisse d'Avacmaux, & le second, en celle de 60 livres qu'il débitoit dans le Bourg de Fontainebleau, lieu non sujet à ces Droits; & en outre chacun en trois cens livres d'amende, & aux dépens.

Du 21 Août 1745

Décision du Conseil, qui juge que les Actes de Reception des Officiers de Judicature, doivent être par eux retirés des Greffes des Jurisdictions où ils ont été reçûs, & que le Droit de Petit-Scel en doit aussi être payé.

Du 21 Août 1745.

Décision du Conseil, par laquelle, sur la demande de la Dame Veuve de la Serre d'être déchargée du Centiéme Denier, & du triple Droit, à cause de la retrocession à elle faite par le sieur Testu le 9 Février 1745. d'Effets mobiliers & immobiliers, dont la Dame de la Serre lui avoit fait donation entre

visle 15 Janvier précédent ; il a été jugé que cette Dame paye-
roit le simple Droit & Centiéme Denier pour les Immeubles ,
& moitié du Droit d'Insinuation seulement , du consentement
du Fermier ; la décharge du surplus , ainsi que l'Huissier qui
a signifié l'Acte de rétrocession , de l'amende de trois cens livres
par lui encourue.

Du 21 Août 1745.

Décision du Conseil, pour obliger la Veuve Duché, Habi-
tante de Sceaux , à raporter l'Etat des Meubles énoncés dans
un Exploit retenu par le Commis du Fermier; pour être ledit
Etat controllé comme Acte sous seing privé.

Du 23 Août 1745.

* Arrest du Parlement , portant réglement pour les Exécu-
toires , concernant les Procès Criminels dans lesquels il y a
des Parties Civiles qui se trouvent insolvables.

Du premier Septembre 1745.

Décision du Conseil , qui , du consentement du Fermier ,
modére à la moitié le Droit d'Amortissement dû par les Maire,
Echevins & Habitans de Saint Lo , pour raison de l'acquisition
qu'ils ont faite d'une Maison qu'ils destinent au rétablissement
de leur Collége , à la charge de payer les deux sols pour livre
& ladite moitié du Droit, celui d'Insinuation de la Quittance
d'Amortissement, & le Droit d'Indemnité.

Du premier Septembre 1745.

Décision du Conseil, qui déboute les Religieux Minimes
d'Avignon de leur demande , tendante à ce qu'il leur soit rendu
par le Fermier une somme de cent vingt-une livres qu'ils lui ont
payée pour le Droit d'Amortissement. Deux Sols pour livre &
Insinuation de la Quittance dudit Droit , à cause d'une Rente
fonciere au principal de cinq cens trente-une liv. à eux cedée par
le sieur Jacques Chain , sur les Domaines & Fours du lieu de S.
Remy en Provence , sous prétexte que cette Rente n'est point

un Fonds qui faſſe partie de la Manſe capitulaire du Couvent, & que ledit ſieur Chain s'étoit reſervé la faculté de la rembourſer.

Du 2 Septembre 1745.

Arreſt du Conſeil, qui maintient le ſieur François-Antoine Fouet, Commis au Controlle des Actes des Notaires dans la Ville de Bellay, dans la jouiſſance de la Maiſon qu'il occupe en ſadite qualité, juſqu'à ce qu'il en ait trouvé une autre qui lui convienne; & ce nonobſtant le congé à lui donné à la Requête de la Propriétaire d'icelle, qui l'avoit louée à une autre perſonne.

Du 4 Septembre 1745.

Déciſion du Conſeil, obtenue par le Fermier du Domaine de la Généralité d'Orléans, qui juge, 1°. Que les Adjudications portant permiſſion de vendre de la Viande pendant le Carême, ſont ſujettes au Controlle des Actes, quoique faites au Greffe de Police, comme ſi elles étoient paſſées pardevant Notaires. 2°. Que les Actes ſignifiés de Procureur à Procureur, autres que ceux d'Inſtruction, ſont ſujets au Controlle des Exploits, comme les Actes d'appels des Sentences, les Intimations, Aſſignations, Sommations pour parvenir à Partage, les Sommations pour convenir d'Experts & aux Témoins, les Demandes en intervention; & enfin, tous les Actes auſquels la perſonne des Parties eſt néceſſaire, & qui ſe ſignifient aux Procureurs comme domicile élû. 3°. Que les Certificats donnés par les Curés, des Publications qu'ils font pour parvenir aux Adjudications des Biens Meubles & Immeubles, ſont ſujets au Controlle des Actes, comme s'ils étoient donnés par des Huiſſiers.

Du 20 Septembre 1745.

Arreſt contradictoire de la Cour des Aydes de Montpellier, qui déclare éxemptes des Droits de Leude & Péage, les Marchandiſes & Denrées qui ſont voiturées de Marſeille à Bordeaux, & de Bordeaux à Marſeille & Route deſdites Villes, ſur le Canal Royal de communication des Mers, & qui entrent dans le Gardiage de la Ville de Toulouse pour y passer debout: defend à Nicolas Pascal, Fermier des Droits de Leude de ladite Ville, d'éxiger lesdits Droits, à peine de concussion: Ordonne qu'ils lui seront payés aux entrées de ladite Ville, Gardiage & Capitoulat de Toulouse, sur toutes les autres Marchandises, soit qu'elles soient voiturées par terre ou sur ledit Canal Royal, suivant, les anciens Tarifs, & conformément aux Arrests & Réglemens de ladite Cour, à peine de confiscation desdites Marchandises, & de cinq cens livres d'amende.

Du 21 Septembre 1745.

* Arrest du Conseil, qui condamne le sieur Jourdain, Greffier en chef du Bureau des Finances d'Alençon, à payer au Fermier du Domaine de ladite Généralité, le Droit de Treiziéme d'une Terre par lui acquise à titre d'Echange dans la Directe d'un Seigneur particulier auquel lesdits Droits n'ont pas été aliénées, nonobstant les Priviléges des Officiers des Bureaux des Finances.

Du 21 Septembre 1745.

* Arrest du Conseil, rendu en faveur de Pierre-Noël de la Croix, contre Nicolas de la Porte, Notaire Royal à Pas en Artois, qui accepte les offres dudit de la Croix de la somme de cinq cens livres, pour la Finance d'un troisiéme Office de Notaire Royal audit lieu de Pas; & ordonne qu'il lui sera expédié des Provisions dudit Office, pour en jouir ainsi que les autres Notaires du Pays d'Artois, créés ou confirmés par l'Edit du mois de Février 1693.

Du 21 Septembre 1745.

* Arrest du Conseil, qui décharge de l'Ustencile les Greffier, Receveur des Amendes, Garde Général, Arpenteur de la Maîtrise de Caën, & l'Arpenteur Général des Eaux & Forêts du Département de Caën.

Du 24 Septembre 1745.

* Ordonnance de M. le Nain, Intendant de la Province de Languedoc,

Languedoc; qui décharge les Maire & Consuls de la Communauté de Clermont, du Droit d'Amortissement qui lui étoit demandé par le Fermier des Domaines du Roy, pour raison des Fours-Banaux qu'elle avoit aliénés en 1669. & dans la possession desquels elle est rentrée en 1732.

Du 25 Septembre 1745.

Lettre de M. le Controlleur Général à M.rs les Intendans de toutes les Provinces du Royaume, pour autoriser les Employés du Domaine & Droits y joints, à faire des visites & recherches dans les Greffes des Jurisdictions Consulaires, en prenant les précautions prescrites, pour assurer d'un côté, le Droit incontestable du Fermier, & pour empêcher de l'autre, que l'exercice de ce Droit ne soit préjudiciable au Commerce.

FIN.

G

DOMAINE

La première, vend & échange les biens à Louis de la Cond-
... d'Avignon, ... Droit ... million ... qui est
... par la vente des Domaines du Roi, ... qui ...
Pierre Dantoy ... qui avoit achetée en 1814, il devoit ...
dans laquelle elle est restée en 1772.

Du 29 Septembre 1772.

Louis XVI, le Dimanche ... officiel de la baronnie ...
...
...

FIN

www.ingramcontent.com/pod-product-compliance
Ingram Content Group UK Ltd.
Pitfield, Milton Keynes, MK11 3LW, UK
UKHW022137170726
13837UKWH00004B/1627